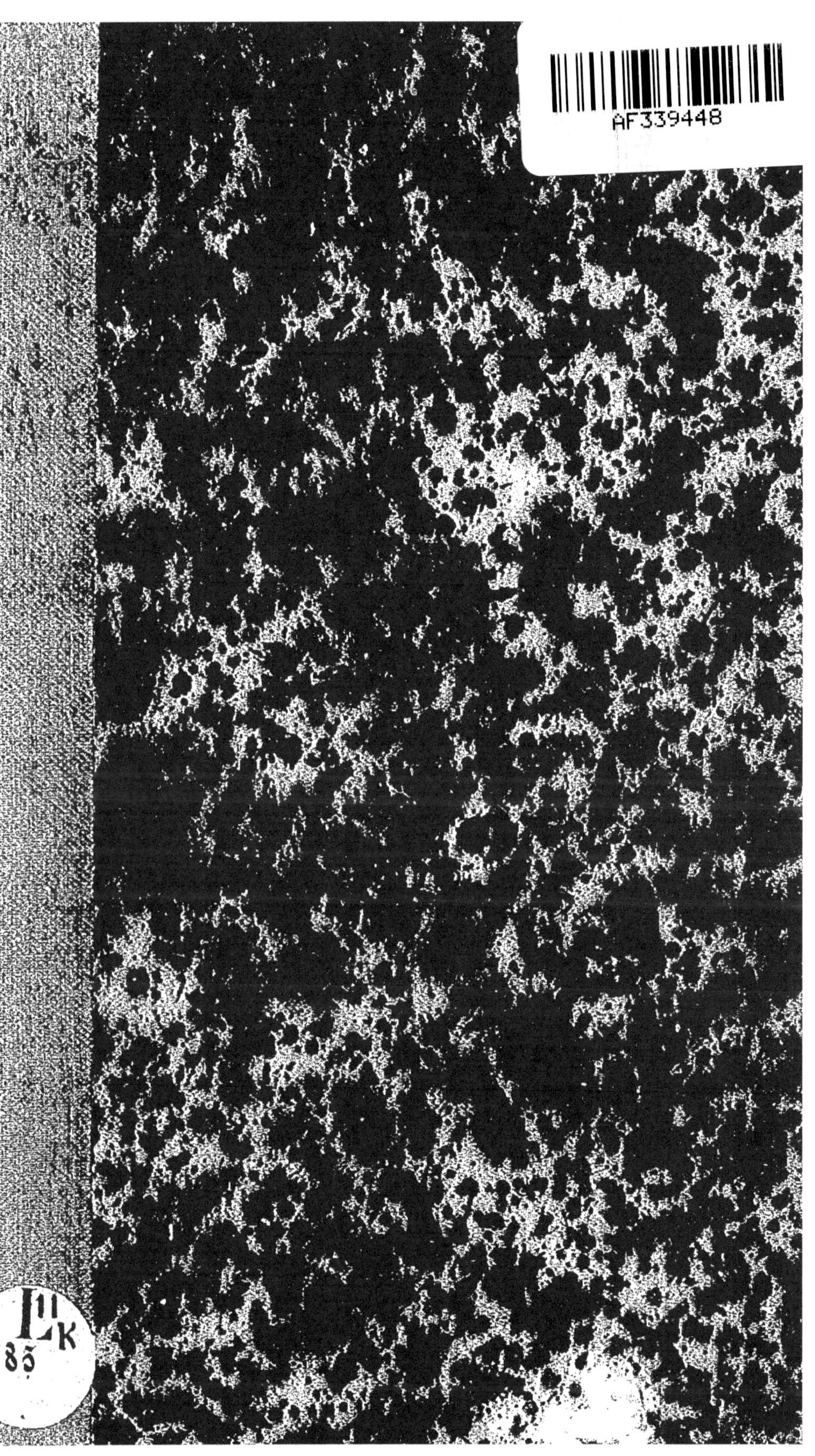

QUESTION POLITIQUE ET MARITIME

MADAGASCAR

PARIS

IMPRIMERIE DE L. TINTERLIN ET Cᵉ

rue Neuve-des-Bons-Enfants, 3.

QUESTION POLITIQUE ET MARITIME

MADAGASCAR

DROITS DE SOUVERAINETÉ DE LA FRANCE

ET

COLONISATION

PAR

TH. RUYNEAU DE SAINT-GEORGE

ANCIEN DÉLÉGUÉ DES COLONIES

PARIS

E. DENTU, LIBRAIRE-ÉDITEUR

PALAIS-ROYAL, 13, GALERIE D'ORLÉANS

1860

Le percement de l'isthme de Suez ouvre au monde des perspectives nouvelles. La réunion de la Méditerranée et de la mer Rouge par un canal maritime direct est le point de départ d'une révolution politique dont la grandeur frappe tous les esprits.

Une île fertile et d'une vaste étendue, Madagascar, dominera la route projetée et destinée à unir intimement l'Orient et l'Occident. Déjà, à plusieurs reprises, et particulièrement en ma qualité de membre du conseil colonial de l'île de la Réunion, dans deux rapports en date du 1er juillet 1815 et 21 février 1847 (1), j'ai appelé l'attention du gouvernement de la France sur cette magnifique colonie.

Mais la royauté de 1830, tout entière aux luttes qu'elle soutenait à l'intérieur et aux ménagements qu'exigeait l'*entente cordiale*, demeura insensible aux considérations de puissance maritime qui lui étaient présentées.

(1) Nous constatons les dates, parce que, depuis cette époque, nous avons vu des paragraphes entiers de ces rapports reproduits dans divers opuscules et articles de journaux, sans aucune indication des sources où l'on avait puisé.

Le gouvernement impérial, plus fort à l'intérieur, plus indé-
pendant au dehors, écoutera mieux, nous l'espérons, les accents
de notre conviction et la voix de notre patriotisme. Nous allons
rappeler les droits de la France à la souveraineté de Madagascar.
Nous développerons ensuite sommairement l'utilité de la colonisation et les moyens d'exécution.

QUESTION POLITIQUE ET MARITIME

MADAGASCAR

SOUVERAINETÉ DE LA FRANCE SUR MADAGASCAR.

La souveraineté de la France sur Madagascar doit être envisagée sous un double rapport: d'abord quant aux peuples de l'Europe, et ensuite relativement aux indigènes.

Quant aux peuples de l'Europe, c'est un principe fondamental du droit international que toute terre nouvelle et non civilisée appartient à la première nation qui y plante son pavillon, pourvu que des actes successifs attestent l'intention qu'elle a de s'y établir.

Christophe Colomb avait abordé les rivages de l'Amérique; Vasco de Gama, non moins hardi, avait franchi le cap des Tempêtes; un champ sans limites s'ouvrait désormais aux navigateurs de toutes les nations; un irrésistible élan avait été donné: les pavillons de l'Europe se montrent à la fois sur les mêmes mers et poursuivent les mêmes enquêtes; les plus sanglantes collisions devenaient inévitables. Les nations européennes allaient s'exterminer sur le terrain même de leurs découvertes et à la vue des peuples qu'elles venaient pacifier et civiliser. C'est alors que sortit du fond de la conscience cette loi salutaire et universellement admise que, dans les pays nouveaux, tout pavillon doit se retirer devant un autre pavillon qui l'a précédé; c'est le sentiment unanime qui la proclame; elle devient sur les mers la base du droit des gens. Depuis trois cents ans ce principe tutélaire a été tour à tour invoqué et accepté par les Espagnols, les Portugais, les Hollandais, les Anglais et les Français : il est le fondement de cette sécurité parfaite qui permet au peuple néerlandais de développer lentement, mais sûrement, son commerce et sa puissance au sein de ce grand Archipel qui commence au golfe du Bengale et se prolonge jusqu'aux mers de la Chine.

L'Angleterre ne pourrait le méconnaître sans saper par sa base tout l'édifice de sa grandeur coloniale.

La France peut en réclamer l'application avec d'autant plus de fermeté qu'elle en a supporté avec plus de résignation toutes les conséquences, lors même que ses plans étaient contrariés et ses intérêts blessés : ainsi nos projets sur *Sumatra* et *l'Australie ont été abandonnés aussitôt que la Hollande et la Grande-Bretagne nous eurent fait connaître leur désir d'agrandissement ultérieur sur un territoire dont elles n'occupent pas encore aujourd'hui la centième partie; ainsi nos armements pour la Nouvelle-Zélande se sont arrêtés devant une expédition anglaise qui les avait précédés* (1); ce sont des faits qui ne remontent

(1) Tous les traités et tous les faits que nous invoquons, nous le disons une fois pour toutes, sont justifiés par des documents et des actes qui existent encore aujourd'hui dans les archives du ministère de la marine.

pas très-loin dans le passé, et les documents qui s'y rattachent se trouvent dans les archives du ministère de la marine.

Au surplus, ce principe ne semble pas devoir subir plus de contradiction de nos jours qu'il n'en a subi pendant trois siècles. Nous n'avons plus qu'à apprécier les faits. Nous allons en faire une fidèle et simple analyse. L'histoire abrégée du passé deviendra, sans effort de notre part, la démonstration de notre souveraineté; tous les faits se suivent et s'enchaînent avec le même caractère, se rapportant constamment à un plan unique, quelquefois suspendu et jamais abandonné.

L'île de Madagascar paraît avoir été découverte, vers 1506, par le Portugais Lorenzo d'Alméida. Depuis 1506 jusqu'en 1642, les Français, les Anglais, les Portugais se montrent successivement sur ses côtes, mais ne descendent sur ses rivages que pour les abandonner aussitôt.

Cependant un grand ministre, doué d'un admirable instinct, a bientôt compris la haute importance de Madagascar, et le 24 juin 1642, *des lettres-patentes données par Louis XIII, déclarent la souveraineté de la France sur Madagascar*.

De ce moment, tous les pavillons étrangers s'éloignent et disparaissent; l'œuvre de la colonisation commence; on l'abandonne, on la reprend, on la suspend encore; elle s'arrête, tantôt par l'insuffisance des moyens, tantôt par l'incapacité ou l'immoralité des chefs ou des agents, tantôt par les révolutions ministérielles ou dynastiques que subissait la métropole elle-même, jamais par des prétentions rivales et la contradiction *étrangère*. Jamais un établissement anglais ou hollandais, *au moins avec quelque durée*, n'est venu se placer à côté de nous, pour jeter du doute sur notre droit, diviser les sympathies des indigènes et contrarier nos opérations actuelles ou nos projets d'avenir. Nous ne pouvons imputer qu'à nous-mêmes nos erreurs et nos désastres !

Ainsi, d'une part, constance de l'occupation française, de l'autre, approbation tacite de tous les peuples de l'Europe, voilà ce que les faits démontrent avec le dernier degré d'évidence.

En 1643, en vertu des lettres-patentes de Louis XIV qui confirment celles de Louis XIII de 1642, la Compagnie française de l'Orient prend possession du droit exclusif de commerce à Madagascar.

Le premier agent de cette Compagnie, Pronis, établit des postes sur plusieurs points de la côte orientale et élève le fort Dauphin (1644). Flacourt remplace Pronis en 1648. Abandonné à ses propres ressources, il améliore cependant les affaires de la colonie. À son départ, ce premier établissement se précipite vers sa ruine.

En 1656, le duc de la Meilleraie devint cessionnaire des droits de la Compagnie.

En 1664, une nouvelle Compagnie, encouragée par Colbert, est substituée au duc de Mazarin, fils aîné du duc de la Meilleraie. Cette seconde entreprise ne fut pas plus heureuse que la première. Les désordres de l'administration de Pronis, qui se fit haïr des naturels par des guerres injustes, et de ses subordonnés par des dilapidations odieuses, avaient frappé de mort notre premier établissement. Le second périt à son tour par la discorde qui s'introduisit au sein de la Compagnie, et par la déloyauté de ses agents dans leurs relations avec les indigènes.

Cependant Louis XIV ne cesse pas d'exercer son autorité à Madagascar.

Le 1ᵉʳ juillet 1665, un édit confirmatif de la Compagnie des Indes Orientales portait : « l'île Madagascar, que nous « avons concédée à la Compagnie des Indes Orientales par « notre déclaration du mois d'août 1664, aux conditions y « mentionnées, comme étant le seul souverain qui y ait « présentement des forteresses et des habitations, etc. »

Un conseil souverain est créé à Madagascar. M. de Beausse y est envoyé en qualité de gouverneur-général. Le commandement passe de M. de Beausse au marquis de Mondevergue, du marquis de Mondevergue à l'amiral de La Haye, de l'amiral de La Haye à M. Champmargou, de M. Champmargou à M. Labretèche. A travers toutes ces vicissitudes, la volonté française ne fléchit pas un seul instant. Seulement, au milieu d'une telle instabilité notre ascendant diminue rapidement. Bientôt des excès de tous genres exaspèrent la population indigène ; et tous les Français du fort Dauphin, surpris dans la nuit du 25 décembre 1672, sont impitoyablement massacrés.

La colonie paraissait perdue sans ressource : mais Louis XIV était incapable de plier. Sa volonté de se maintenir à Madagascar est plus inébranlable après ce désastre qu'auparavant. La colonie est définitivement réunie à la couronne de France par un arrêt du conseil d'État sous la date du 4 juin 1686 : en voici les termes :

« Tout considéré, Sa Majesté, étant en son conseil, en « conséquence de la renonciation faite par la Compagnie

« des Indes-Orientales à la propriété et seigneurie d e l'île
« de Madagascar, *a réuni et réunit à son domaine ladite*
« *île de Madagascar*, forts et habitations qui en dépendent,
« pour que Sa Majesté en *dispose en toute propriété, sei-*
« *gneurie et justice.* »

Certes, il est impossible d'imaginer des actes de souveraineté plus positifs, plus solennels et plus conformes aux
principes du droit international. Louis XIV préparait un
nouvel armement, il n'en fut détourné que par les revers
qui marquèrent ses dernières années, et signalèrent en
même temps la grandeur de son caractère.

Louis XV, au milieu d'un règne faible et agité, ne perd
cependant pas Madagascar de vue. Le seul de ses minis-
tres qui ait bien mérité de la France, le duc de Choiseul,
charge le gouvernement de l'île de France d'entretenir des
agents civils et militaires sur toute la côte, depuis Sainte-
Luce jusqu'à la baie d'Antongil ; en 1750, il fait occuper
l'île de Sainte-Marie, envoie en 1768 M. de Modave pour
relever le fort Dauphin ; et il préparait l'expédition de
Beniowski lorsqu'une intrigue de palais le fit tomber du
pouvoir dans l'exil.

Le gouvernement de Louis XVI maintient et développe
tous nos établissements sur la côte orientale.

La Convention, faisant trève un moment à ses sombres
et terribles préoccupations, demande des études sur Madagascar et y envoie Lescalier.

L'Empire n'a cessé de considérer Madagascar comme
une terre française : M. Sylvain Roux y est envoyé en 1807,
en qualité d'agent principal , et Tamatave reçoit une garnison française.

La Restauration rétablit son pavillon successivement à Sainte-Marie, Tintingue, fort Dauphin et Sainte-Luce. L'expédition Gourbeyre en 1829, était un commencement d'exécution d'un plan plus vaste que la révolution de 1830 n'a pas permis d'achever.

Le gouvernement de Louis-Philippe lui-même, tout jaloux qu'il était de ne causer aucun ombrage à l'Angleterre, s'est préoccupé de la question de Madagascar. L'hydrographie de Diego-Suarez, l'exploration de la côte ouest et de la baie de Passandava par MM. Guillain et Jehenne, capitaines de corvette ; les études approfondies et consciencieuses d'un éminent administrateur, M. Achille Bédier, commissaire général de la marine, la prise de possession de Nossi-bé et de Mayotte en sont un témoignage ; car ces actes n'ont de signification et de valeur que comme préliminaires de projets ultérieurs et d'une haute importance.

A travers toutes les vicissitudes du pouvoir et les révolutions par lesquelles nous avons passé, la politique française reste donc constante et invariable quant à Madagascar ; notre possession non interrompue pendant trois cents ans et fondée sur des actes législatifs nombreux, est donc aujourd'hui à l'abri de toute contradiction. Il est vrai que notre domination avait été principalement reconnue sur le littoral du Sud et de l'Est ; c'est là que nous avions d'abord établi nos alliances et qu'avaient grandi nos premiers établissements de commerce, fécondés par le voisinage de l'île de France et de la Réunion ; mais par les édits que nous avons rappelés, notre souveraineté avait été déclarée sur toute l'île de la manière la plus formelle et la plus absolue ; et, *suivant les principes que nous avons dévelop-pés, il n'est pas nécessaire, pour donner naissance au droit, que l'occupation embrasse chaque baie, chaque port, en un mot le littoral tout entier ; il suffit d'un fait bien caractérisé de possession, avec l'intention d'y donner les développe-ments que le temps amène inévitablement.*

Il y a mieux, les tribus de l'Ouest et du Nord, impa-tientes du joug des Hovas, ont elles-mêmes appelé et ap-pellent encore le drapeau de la France.

Déjà, *par un traité en date du 14 juillet* 1840, et consa-crant de nouveau des droits d'ailleurs incontestables, Tsiomcko, reine de Bouéni, et les principaux chefs Saklaves réunis autour d'elle, ont cédé à la France tout leur terri-toire, c'est-à-dire toute la partie ouest de Madagascar.

C'est en vertu de ce traité que, le 5 mai 1841, le pavil-lon français a été arboré à Nossi-bé, et salué par les tribus de l'ouest, comme un signal de délivrance, et comme un gage de la nationalité glorieuse à laquelle elles aspirent.

Pour échapper à l'odieuse domination des Hovas, le chef des Antakares, tribus du Nord, le prince Tsimiare, nous a aussi cédé tous ses droits sur son territoire. Dans cette ces-sion se trouve comprise la magnifique baie de Diégo-Suarez.

En présence de tous ces faits, quel peuple de l'Europe oserait contrarier nos projets de colonisation et contester nos droits ?

Les Anglais !

Cependant, tous nos établissements à Madagascar se sont formés sou sleurs yeux, et ils n'ont jamais protesté !

Ils n'ont pas protesté, quand Richelieu créa la Compa-gnie française de l'Orient et lui assura par des lettres-patentes connues de l'Europe entière le commerce exclusif de Madagascar !

Ils n'ont pas protesté, quand Colbert, digne émule de Richelieu, garantit dans des formes aussi solennelles, les mêmes priviléges à la Compagnie orientale organisée par ses soins.

Ils n'ont pas protesté, quand l'autorité française était représentée à Madagascar, tantôt par un gouverneur-général, tantôt par un amiral environné de tout l'appareil d'un vice-roi.

Ils n'ont pas protesté, quand le duc de Choiseul, que les désastres de la guerre de Sept-Ans n'avaient pas abattu, cherchait à Madagascar une compensation à tant de pertes récentes, et y envoyait M. de Modave pour relever les ruines du fort Dauphin et y rétablir notre pavillon.

Ils n'ont pas protesté, quand la Restauration en 1829 fit un armement contre les Hovas, s'empara de vive force de Tamatave, de la pointe Larré, rétablissait tous les signes de notre domination sur la grande terre par la construction du fort de Tintingue : les travaux suspendus, puis abandonnés par suite des événements politiques de la métropole, l'ont été en dehors de toute influence étrangère.

Ils n'ont pas protesté, quand le gouvernement de Louis-Philippe, en vertu du traité du 14 juillet 1840, a fait occuper Nossi-bé et Mayotte, et cependant l'arrêté de l'administration de la Réunion qui précéda la prise de possession, rappelait les droits anciens de la France et ne dissimulait par ses projets ultérieurs, il fut à dessein publié dans les journaux de l'île Maurice, et ne provoqua ni explication ni réclamation.

Ainsi nos droits sur Madagascar sont bien évidemment sanctionnés par l'assentiment tacite de l'Angleterre. Mais, il y a encore de sa part un aveu formel et explicite.

En 1816, le gouverneur de Maurice, M. Farquhart, interprétant à son gré le traité de Paris du 30 mai 1814, prétend que l'Angleterre est substituée à la France dans tous ses droits sur Madagascar : de cette substitution il fait aussitôt dériver un droit de souveraineté sans limite. Le 25 mai 1816, *il écrit à MM. les administrateurs généraux de la Réunion, pour leur faire connaître que son gouvernement se réserve le commerce exclusif de Madagascar ; il leur notifie en conséquence que nos traitants n'y seront plus reçus qu'à titre précaire et munis de licences délivrées par le gouvernement anglais.*

Cette étrange sommation est transmise immédiatement au gouvernement de la métropole : aussitôt une vive discussion s'engage entre les deux cabinets. Le droit était évident, l'Angleterre fut obligée de céder et de reconnaître que Madagascar ne pouvait pas être une annexe de Maurice, et devait nous être restitué comme tous les autres établissements que nous possédions au 1er janvier 1792, et qui n'avaient pas été formellement exceptés.

En conséquence, le cabinet de Saint-James donne des ordres pour que le gouvernement de Maurice se désiste de toutes ses prétentions ; *les troupes qui y avaient été envoyées sont rappelées, et remplacées par des détachements de la garnison de la Réunion.*

Madagascar nous est donc resté, et évidemment avec cette étendue de droits que l'Angleterre revendiquait pour elle-

même, quand elle se présentait comme cessionnaire de notre souveraineté.

Nos titres sur Madagascar sont donc consacrés non-seulement par l'assentiment tacite, mais encore par l'approbation expresse de l'Angleterre.

Sans méconnaître nos droits, cette puissance voudrait-elle intervenir dans nos démêlés avec les Hovas, seule lutte qui soit possible, sous le vain prétexte de quelque alliance ou protectorat ; mais ce serait la violation de tous les principes que nous avons posés et qui ne sont pas contestés ; ce serait nous autoriser à soutenir les tribus révoltées ou encore indépendantes de l'Inde, de la nouvelle Zélande, de l'Australie ; ce serait, en un mot, bouleverser toute cette partie du droit international que nous avons exposée, et qui sert de fondement aux colonisations européennes.

Ainsi obligée de s'abstenir, l'Angleterre verrait-elle avec chagrin la civilisation et la religion chrétienne pénétrer à notre suite dans ces vastes contrées, en proie aux superstitions les plus avilissantes, et à toutes les misères qu'engendrent le déréglement des mœurs et le despotisme des institutions : une telle supposition serait injurieuse ; le gouvernement de la Grande-Bretagne est environné de trop de gloire, il remplit dans le monde civilisé une trop haute mission, pour que nous le soupçonnions d'une si odieuse jalousie. Les armes victorieuses de l'Angleterre ont pénétré jusque dans l'Asie centrale ; ses bateaux à vapeur sondent toutes les côtes, remontent tous les fleuves. Une seule de ses possessions d'outre-mer, l'Hindoustan, compte autant de sujets qu'en renfermait jadis l'empire romain dans ses vastes limites ; l'Australie, grande comme l'Europe, reçoit

une population anglaise ; la terre de Van-Diémen, la nouvelle Zélande, l'Afrique du sud, cent autres colonies fécon-
dent pour l'Angleterre de nouveaux éléments de richesses.
Nous ne sommes pas jaloux ! Nous applaudissons au contraire à ces triomphes de l'activité humaine, et nous ne
pouvons admettre que l'Angleterre s'inquiète et s'afflige de
ce que la France accomplit à son tour la part de civilisation
qui lui a été depuis si longtemps départie.

Mais, si ce qu'à Dieu ne plaise, il en était autrement ; si
nos voisins d'outre-Manche s'animaient encore contre nous
de cette rivalité ardente dont ils nous ont souvent poursui-
vis dans le passé, le gouvernement impérial, appuyé sur la
justice, saurait leur résister : il ne pourrait pas aliéner des
droits que lui ont transmis les gouvernements précédents ;
il ne ferait pas une concession qu'on n'a pu arracher ni à
Louis XVIII ni à Charles X !

Mais, nous aimons mieux l'espérer, l'Angleterre et les
peuples de l'Europe ne contrediront pas plus notre droit
aujourd'hui qu'ils ne l'ont fait sous tous les gouvernements
qui se sont succédé depuis Louis XIV jusqu'à Louis-Philippe, pendant deux cents ans.

Il nous reste à examiner quels sont nos droits par rapport aux indigènes eux-mêmes, qui certes doivent bien
être comptés pour quelque chose dans une telle discussion !

L'Ile de Madagascar se divise entre plusieurs tribus prin-
cipales, indépendantes jusqu'en 1813, aujourd'hui assu-
jetties et opprimées par l'une d'elles, la tribu des Hovas,
qui, des plateaux de l'intérieur, a fait irruption sur toutes
les parties du littoral : les commencements de cette tyrannie

ne datent que de 1813, époque de l'avénement de Radama
au trône.

Le joux odieux des Hovas n'est nulle part accepté, ni
par les tribus de l'est , nos plus anciennes et nos plus fidè-
les alliées, ni par celles du nord , qui ont déserté leur pays
pour se réfugier dans les bois ou sur les rochers qui ceignent la baie Passandava ; ni par les peuplades de l'ouest ;
toujours prêtes à prendre les armes. Nous sommes appe-
lés par les Antakares, tribu du nord ; par les Betsim'saraks
et les Bétanimènes, tribu de l'est ; par les Anossy, qui ha-
bitent les contrées du sud ; par les Sakalaves, qui maintien-
nent ou réclament leur indépendance.

Nous avons donc l'assentiment des indigènes eux-mêmes,
si on en excepte une seule tribu, qui en nous attaquant partout où elle nous a rencontrés, nous a donné les plus légi-
times sujets de la combattre ; il ne s'agit pas de provoquer,
mais de nous défendre ; il s'agit de délivrer nos alliés, de
briser le joug qui les accable ; d'obéir à des traités qui nous
lient à leur égard, de rétablir notre pavillon là où il a été
renversé ; il s'agit enfin de sauver le peuple Hova lui-même
de la faction militaire qui l'opprime.

Ce gouvernement tyrannique, qui s'est fait, sans autre
motif que celui de son ambition, l'implacable ennemi de la
France, a marqué chaque pas de sa durée par les agres-
sions les plus injustes et les outrages les plus gratuits.

Les Hovas ne se bornent pas à appesantir leur domination sur nos plus anciens alliés, les Betsim' Saraks et les
Anossy ; nous sommes particulièrement l'objet de leur dé-
dain et de leur haine ; ils nous ont attaqués sur ces portions
de territoire auxquelles une occupation constante avait dé-

finitivement imprimé le cachet de notre nationalité ; cette horde barbare nous a chassés devant elle ! notre pavillon a successivement disparu de tous les points de la côte orientale, du fort Dauphin, de Tamatave, de Foulpointe, de Fénérif, et maintenant, en attendant des jours plus heureux, il est réduit à se cacher dans les îlots qui, à l'est et à l'ouest, ceignent Madagascar. Le drapeau de ces nouveaux conquérants a été élevé en triomphe là où ont flotté si longtemps les nobles couleurs de la France : aussi leur audace ne connaît plus de bornes. Le drapeau français foulé à leurs pieds lors de la prise du fort Dauphin en 1824 ; les dépouilles de nos soldats égorgés à Foulpointe en 1829, conservées et dérisoirement étalées dans les palais improvisés de Tananarive, treize têtes de Français longtemps exposées sur les rivages de Tamatave après un combat héroïque mais inégal, les remplissent d'une folle présomption ! Aussi, nous ne le dissimulerons pas, la force seule peut les soumettre ; mais la lutte contre une seule tribu, avec l'appui de toutes les autres, ne saurait être douteuse dans ses résultats et nous conduira inévitablement à la colonisation. Examinons maintenant si cette colonisation est dans les intérêts de la France.

UTILITÉ DE LA COLONISATION.

Depuis que nous avons perdu l'Inde, le Canada, la Louisiane, Saint-Domingue, Maurice, les vaisseaux de l'État une fois sortis des ports de France manquent de point d'appui, de lieux de refuge, et de tous moyens de recrutement et d'approvisionnement; et d'ailleurs la marine marchande, sans laquelle il n'y a pas de marine militaire, est destituée de tout aliment sérieux. Avec Madagascar, la lacune est comblée, nos pertes les plus cruelles sont réparées, nous ne restons plus stationnaires quand tout progresse autour de nous, et le maintien de notre puissance relative est au moins assuré !

Les peuples de l'Europe envahissent l'Asie et le monde maritime ; c'est sous leur influence, par leur action et à leur profit que se développent les magnifiques cités de Bombay, de Madras, de Calcutta, de Batavia ; les colonies les plus florissantes remplissent l'Archipel d'Asie, l'Australie, la Polynésie. L'Angleterre et la Hollande voient se multiplier pour elles les centres de production les plus abondants, dans ces mêmes îles, qui leur offrent en même temps que les richesses de leur sol, les rades les plus sûres et les ports les mieux défendus. La Hollande trouve à Java tout à la fois des ressources inépuisables pour son commerce, et des ports où ses vaisseaux sont aussi en sûreté contre les coups de la tempête que contre le feu de l'ennemi. L'Angleterre embrasse tout dans sa prodigieuse activité, mais elle ne consacre des efforts sérieux qu'à ces grandes terres que découpent des havres profonds, et qui par la fertilité du sol, l'abondance des bois de construction et des matières premières, sont en même temps l'aliment de la navigation marchande et la sauvegarde de sa puissance navale. La France seule concentre tous ses efforts sur des *îlots* aussi dépourvus d'utilité au point de vue militaire qu'au point de vue commercial.

Mayotte n'a de valeur que comme acheminement à l'occupation de Madagascar ; Mayotte manque de bois ; sans doute une flotte pourrait s'y réfugier, mais elle y serait bientôt affamée et forcée d'en sortir ou de capituler, son sol volcanique, l'insalubrité du climat ne permettront jamais à une population considérable de s'y développer ; aucun approvisionnement n'y est possible ; il faudra y apporter de la métropole tout ce dont on aura besoin ; on ne peut isoler Mayotte de Madagascar : d'ailleurs Mayotte n'appartient pas à la puissance qui s'y établit actuellement, mais à celle qui occupera plus tard Diégo-Suarez ! Diégo-Suarez est la citadelle de l'Afrique orientale. S'établir à Mayotte, sans avoir pris préalablement possession des magnifiques baies qui sont à l'est du cap d'Ambre, c'est se placer sous le feu de l'ennemi, c'est édifier pour lui, c'est employer à son bénéfice l'industrie et les trésors de la France.

Les Marquises ne sont que des rochers stériles, sans aucune influence possible sur notre avenir politique ou commercial.

Madagascar peut seul nous donner aujourd'hui une position militaire à l'est du cap de Bonne-Espérance. Cette grande île commande à la fois la côte orientale d'Afrique, l'Hindostan et l'Archipel d'Asie.

Par Madagascar on est maître du double passage de l'Europe dans l'Inde ; on domine à la fois le cap de Bonne-Espérance et le détroit de Bab-el-Mandeb.

Une fois établis à Madagascar, nous acquérons des droits sérieux dans l'Océan Indien : nous cessons d'y figurer à titre de tolérance seulement. Tout l'hémisphère oriental dont nous sommes en réalité bannis, devient accessible pour nous. Nous y apparaissons avec la dignité et l'indépendance qui appartiennent à une grande nation ; nous nous suffisons à nous-mêmes ; et si nous sommes attaqués, non-seulement la défense est possible, mais le succès est certain. Des ports nombreux reçoivent nos vaisseaux ; des bois superbes fournissent des éléments inépuisables de travail à nos chantiers de radoub et de construction ; des approvisionnements à bas prix, en riz, blé, bœuf, salaisons de toutes sortes, assurent la subsistance de nos soldats et de nos matelots. Madagascar cultivé et civilisé ne refuserait pas à nos amiraux ce que Madagascar en friche et tout

à fait sauvage a fourni si abondamment à Mahé de Labour-
donnais, au vicomte d'Aché, à l'immortel bailli de Suffren !

En temps de guerre la colonie se défendrait toute seule : une population de plusieurs millions d'hommes, renfermée sur une île naturellement approvisionnée, à une grande distance de la puissance assaillante, est inexpugnable : et d'un autre côté, désormais libres dans leurs allures, maî-tres de leurs moindres mouvements, nos vaisseaux pour-raient toujours avec opportunité, tantôt fondre sur l'en-nemi, tantôt se retirer devant lui, tantôt attaquer et ruiner son commerce, tantôt protéger le nôtre ; nos victoires nous donneraient de nouveaux moyens de combattre ; nos dé-sastres seraient facilement réparés dans un pays qui nous offrirait des matelots, des soldats et de nouveaux approvi-sionnements.

Ainsi, par l'occupation de Madagascar, notre marine militaire aurait reconquis un de ces points d'appui impor-tants qui lui manquent absolument depuis la paix de 1763, la révolution de Saint-Domingue et le traité de Paris du 31 mai 1814 ; mais, de plus, notre navigation marchande prendrait un accroissement rapide, ce qui profiterait en-core à la marine de l'État ; car c'est principalement par la marine du commerce qu'on peut créer et développer la marine militaire. Cette vérité, que la raison seule indique, trouve encore dans l'histoire une complète démonstration.

Athènes se livre à un commerce actif avec les îles de la mer Égée, les côtes de l'Asie-Mineure, de la Propontide et du Pont-Euxin, et bientôt elle domine la Grèce et balance la puissance du grand roi !

Des marchands Phéniciens, établis à Carthage, envoient

leurs armées jusqu'au cœur de l'Italie, et font chanceler sur ses bases la ville éternelle !

Venise arme ses gondoles, et du fond de ses lagunes, elle secourt ou opprime à son gré les empereurs de Bysance, s'empare de leurs plus riches provinces, et *voit à ses pieds, comme ses tributaires*, les rois les plus puissants de l'Europe.

La Hollande, marécageuse et stérile, ne pouvait subsister que par le commerce ; mais elle s'y enrichit, et bientôt dispute l'empire des mers à l'Angleterre, arrête la fortune de Louis XIV, et devient au dix-septième siècle l'arbitre des couronnes. Aujourd'hui elle a transporté sa prodigieuse et persévérante activité dans l'Archipel d'Asie, et elle y fonde un empire puissant dans la contrée la plus fertile de la terre.

Mille autres exemples pourraient être cités, mais l'espace nous manque et nous prive de développements plus étendus.

Le sceptre des mers appartient à l'Angleterre du jour où le célèbre acte de navigation a donné à sa marine marchande un essor qui lui a fait dépasser toutes les autres. La marine militaire et marchande croissent et décroissent en même temps ; leurs fortunes sont inséparables, et le génie commercial, bien plus que le génie de la guerre, revendique l'empire des mers !

Les moyens artificiels peuvent être plus ou moins ingénieux, mais ils seront toujours sans résultat : c'est le commerce qu'il faut ranimer, si nous voulons reconquérir notre rang maritime. Ce fut là le système du cardinal de Richelieu, suivi par Colbert, pratiqué par Louis XVI : les fruits en ont été assez brillants pour que nous ne devions pas répudier d'aussi glorieuses traditions.

Lorsque Saint-Domingue, par l'immensité de son commerce, tenait toujours à la disposition de l'État une pépinière de matelots, les plus grands désastres furent réparés comme par enchantement.

La guerre de Sept-Ans avait fait à l'honneur national une profonde blessure. Notre fortune maritime paraissait tout à fait compromise ; mais de 1763 à 1778, notre commerce avait pris le plus grand développement ; les riches cargaisons de Saint-Domingue remplissaient tous les marchés de l'Europe ; une nombreuse population maritime avait surgi : *aussi, le 17 juin 1778, la frégate anglaise l'Aréthuse fuyait devant la frégate française la Belle-Poule, et nous ouvrions par un brillant succès cette guerre de l'indépendance américaine où s'illustrèrent tour à tour le comte d'Estaing, le brave et vigilant Lamothe-Piquet, le comte de Guichen et le comte de Grasse !*

Trente-deux vaisseaux de ligne dans la Manche, cinq dans la Méditerranée, douze dans les mers d'Asie, vingt-neuf dans celles d'Amérique, tinrent en échec toutes les forces ennemies ; dès flottes de cinq et six cents voiles parcoururent l'Océan, portant partout nos soldats et nos matelots ! Vainqueurs dans la plupart des actions particulières, nos marins balancèrent et même surpassèrent les triomphes de l'Angleterre dans les actions générales. Le pavillon britannique tomba successivement de tous les forts qui couronnent le golfe du Mexique ; devenu la terreur de l'amiral Hughes, vainqueur à Trinquemale et à Gondelour, le bailli de Suffren jeta un éclat immortel sur la marine française ; et, on le sait, s'il avait reçu à temps quelques renforts, ou si la guerre se fût prolongée, l'Inde toute entière échappait à la domination anglaise ! Mais du moins le but de la guerre cette fois fut atteint, la Grande-Bretagne céda, et l'indépendance de l'Amérique fut reconnue et consacrée !

Ainsi, l'expérience aussi bien que la raison le démontre, c'est dans les ressources de la marine marchande qu'il faut puiser le personnel de la marine militaire.

Eh bien ! Madagascar seul peut ranimer le commerce maritime de la France qui ne fait que languir depuis la perte de nos grandes colonies.

Depuis longtemps nos hommes d'État, qui sortent du présent pour pénétrer dans l'avenir, cherchent des ressources contre une telle situation ; ces ressources existent à Madagascar.

Cette île a une population d'environ quatre millions d'habitants, sa superficie de 25,000 lieues carrées est à peu près égale à celle de la France ; ainsi elle peut recevoir une population de 25 à 30 millions d'hommes.

Les exportations se composaient, avant les prohibitions et entraves de toutes sortes du gouvernement de la reine Ranavalo, de bœufs, moutons, tortues de terre, de riz, gomme, copal, orseille, ambre gris, cire, peaux de bœufs, écaille de caret *(testudo imbricata)*.

Les importations consistaient en mouchoirs et autres impressions des manufactures françaises, beaucoup d'objets de luxe, savon, bijouterie commune, verroterie, quincaillerie, mercerie, etc.

Sans doute, c'est là un commerce restreint, mais il s'étendrait rapidement par l'introduction des arts de l'Europe et par les nouveaux besoins que fait naître la civilisation : il suffit pour s'en convaincre de jeter les yeux sur les rapports de tous les voyageurs qui ont pénétré dans l'intérieur de Madagascar.

Cette île peut nous fournir en quantités immenses le sucre, le café, le tabac, le coton, la soie, l'indigo, le riz, le maïs, le blé, le bois d'ébène, toutes les matières premières nécessaires aux ateliers de peinture, de tabletterie, de marqueterie, les écorces les plus estimées, des mines d'or et d'argent, *du fer de première qualité et à fleur de terre*, peut-être de la houille, du mercure, du sel gemme, du cristal de roche de la plus grande beauté.

Toutes les jouissances du luxe s'introduiraient promptement dans un pays riche en exportations, et donneraient à nos manufactures une activité dont Paris et nos grandes villes recueilleraient les premiers fruits.

Après la perte de tant de vastes possessions qui étaient autrefois l'aliment fécond de notre commerce maritime, il n'est pas un Français jaloux de la prospérité et de la gloire de son pays, qui ne désire de justes compensations et qui n'en comprenne l'absolue nécessité.

Mais une opinion bien funeste aux intérêts de la France a pris crédit : on pense communément que l'Algérie peut nous tenir lieu de toutes nos autres colonies.

D'abord l'Angleterre, qui recule ses frontières de l'Inde jusqu'aux limites de l'empire russe, qui a formé en Asie un empire de quatre-vingt millions de sujets, n'en poursuit pas moins dans les autres parties du monde ses gigantesques entreprises.

Mais d'ailleurs l'Algérie, qui certes est une grande et précieuse conquête, n'est pas à l'égard de la France une colonie proprement dite, son sol se refuse aux cultures inter-tropicales, qui seules servent de principe actif aux échanges. L'Algérie a les mêmes produits et le même climat que nos départements du midi.

Le grand cabotage seul peut prendre une nouvelle activité dans nos relations avec l'Algérie, et c'est la navigation au long cours qui seule forme les matelots du commerce, et par conséquent ceux de la marine militaire.

L'Algérie n'a pas de ports, et ne satisfait ainsi à aucune des conditions qui peuvent rendre à la marine de l'État son ancienne prépondérance.

Par l'Algérie, la France a pris un plus haut ascendant dans la Méditerranée; mais ne doit-elle pas être présente partout, et porter partout son influence : ne faut-il pas qu'elle puisse se défendre partout où elle sera attaquée? nos établissements dans le nord de l'Afrique ne sont pas une raison de nous condamner à une nullité complète dans une moitié du monde, dans tout l'hémisphère oriental ! Si nous voulons cesser d'être dépendants dans les mers du cap, dans le golfe arabique, dans tout l'Océan indien, une seule et dernière chance nous est ouverte, c'est de nous établir à Madagascar. Nous n'y rencontrerons aucune des difficultés qu'imaginent des hommes honorables mais complétement abusés.

Madagascar sera soumise aussitôt qu'elle sera sérieusement attaquée, et ne deviendra pas une Algérie à quatre mille lieues de la métropole; comment une comparaison aussi fausse a-t-elle pu se produire, et exercer quelque in-fluence sur les esprits ?

Là, un continent qui oblige toujours à passer d'une con-quête à une autre, en montrant toujours à la frontière un ennemi nouveau : ici, une entreprise dont la nature même a posé les limites, une *île* que quelques bateaux à vapeur suffisent pour bloquer, et qui peut être mise dès l'abord à l'abri de toute intervention ou excitation étrangère. Là, une nation compacte, indivisible; ici, vingt peuplades dif-férentes de mœurs, d'origine, et ennemies de la tribu prin-cipale qui a opprimé toutes les autres : là, tout l'orgueil d'une antique mais fausse civilisation; ici, des populations qui reconnaissent leur infériorité, et demandent à être ins-truites et éclairées : là, un fanatisme qui s'exaspère au sein même de ses défaites; ici, un culte non caractérisé, pres-que insaisissable, et qui n'exerce aucune influence sur les esprits : là, une race implacable qui s'élève et vieillit dans sa haine contre nous; ici, des tribus d'une grande dou-ceur de mœurs et que la sympathie, si on en excepte une seule, entraîne au-devant de nous : là, en un mot, la colo-nisation malgré les habitants; ici, au contraire, les habi-tants devenus les premiers et les plus ardents auxiliaires de la civilisation : il n'y a aucune comparaison à établir entre l'Algérie et Madagascar. Telle est la vérité, et elle ressortira avec plus d'éclat des détails dans lesquels nous allons entrer sur les moyens d'exécution.

MOYENS D'EXÉCUTION.

Nous ne saurions trop insister sur ce point : il ne s'agit pas de faire la guerre aux peuples de Madagascar, mais au contraire de briser leurs fers, et d'être leurs libérateurs ; c'est avec les tribus de l'ouest et du nord qu'il faut marcher au secours des tribus de l'intérieur ; il doit être manifeste dès l'abord que nous n'attaquons ni nos anciens alliés, ni les Hovas eux-mêmes, mais seulement un gouvernement qui les avilit et les opprime.

Des agents français envoyés à l'avance sur les points opposés de la côte doivent partout nous ménager des intelligences, exciter les esprits et disposer les populations à nous seconder ; les ennemis du gouvernement, les princes fugitifs doivent être recueillis partout où ils se trouveront, et ramenés au lieu de la lutte sous la protection de notre pavillon.

Au moment où les hostilités commenceront, l'île doit être déclarée en état de blocus : un acte aussi significatif portera l'inquiétude et le trouble au sein du gouvernement qu'il s'agit d'abattre, et donnera une confiance nouvelle aux peuplades timides dont il faut nous assurer le concours : cette mesure préliminaire est surtout indispensable pour ôter tout prétexte à l'intervention étrangère.

Il ne faudrait pas renouveler la faute tant de fois commise d'arriver à Madagascar dans la saison des pluies. Les côtes doivent être abordées dès le mois de mai, afin qu'on puisse pénétrer dans l'intérieur, s'y loger, s'y établir convenablement, avant la mauvaise saison et la recrudescence des fièvres intermittentes, qui ne règnent du reste que sur une partie du littoral, et qui demeurent circonscrites dans une zone qui serait rapidement franchie.

Nous n'aurons pas la témérité de faire ici et de publier le plan de l'expédition : cette divulgation ne serait pas sans inconvénient; nous ne sommes pas d'ailleurs compétent pour un travail de cette nature.

Au surplus, cette tâche a été remplie par d'autres, bien mieux que nous ne pourrions le faire, et les renseignements les plus précieux à cet égard se trouvent consignés dans divers documents préparés par les soins de l'administration de la Réunion, et notamment dans un Mémoire approuvé par le conseil privé de cette colonie, et adressé au ministère de la marine dès l'année 1834.

L'expédition doit être forte, surtout en matériel, approvisionnement d'armes, de poudre, etc., afin de pouvoir armer les indigènes qui ne manqueront pas d'accourir sous notre drapeau, dès qu'il se présentera à eux dans de véritables conditions de succès.

A notre première apparition, les tribus du littoral se soulèveront, pourvu que la force de notre armement leur donne de suffisantes garanties : dès lors notre marche sur la capitale des Hovas ne peut trouver d'obstacle, la route de Bambétoc à Tananarive est toute tracée : c'est par là qu'ont été transportés les canons qui défendent le siége du gouvernement.

De ce côté, on ne trouvera aucune des difficultés qui se présentent dans la partie orientale, ni marais profonds, ni montagnes escarpées, ni populations intermédiaires qu'on puisse armer contre nous : les Hovas ne peuvent compter que sur eux-mêmes; isolés dès l'abord, ils se trouveront face à face avec nos soldats : bientôt leur mécontentement contre leur propre gouvernement éclatera, et le trône de la reine Ranavalo s'écroulera au milieu d'unanimes applaudissements.

C'est alors seulement que nous pourrons traiter de la paix; jusque-là, toute tentative de conciliation ne ferait que nous préparer de nouveaux outrages aux yeux de la faction militaire qui opprime les Malgaches, et notre modération ne serait à leurs yeux que faiblesse et impuissance.

Mais que notre drapeau flotte sur les murs de Tananarive, l'arrogance de la faction militaire qui y domine et dont l'autorité s'exerce par le *tanguin*, le massacre et l'incendie, tombera instantanément, le gouvernement de la reine Ranavalo se dissoudra de lui-même, et bientôt nous pourrons donner la paix au peuple hova lui-même, comme à toutes les tribus du littoral.

Tel est, suivant nous, le plan qu'indique l'histoire du passé, parce que, dans notre opinion, la domination de la France est incompatible avec l'existence d'un gouvernement qui unit au plus haut degré la cruauté à la perfidie, et que d'ailleurs, après tant d'hésitations, tant de tentatives mal combinées, il importe de rendre à nos armes, par la vigueur de l'attaque, tout leur ancien prestige.

Toutefois, le but peut être atteint plus lentement, il est vrai, mais peut-être aussi sûrement, par l'occupation de Diégo-Suarez, où l'on établirait une colonie qui s'étendrait dans le sud au fur et à mesure que les sympathies des indigènes se déclareraient.

Pour bien apprécier cet autre plan, il importe de revenir sommairement sur le passé.

Dans les tentatives diverses et successives de colonisation à Madagascar, il faut remarquer que des efforts un peu sérieux n'ont été faits que sur une partie du littoral de l'Est, du fort Dauphin à la baie d'Antongil.

Les Français débarquèrent pour la première fois dans le sud-est de Madagascar ; c'est là que furent créées les premières habitudes. Depuis, les colonies de Maurice et de la Réunion s'étant développées, les relations commerciales s'ouvrirent et se continuèrent naturellement avec la côte qui était le plus à proximité, et ce fut encore la côte orientale. L'attrait pour cette partie du littoral se fortifia en outre par le caractère doux et pacifique des tribus qui l'habi-

taient. Là se trouvaient les Betsim-Saraks, adonnés au commerce et tellement attachés à la France, que les Hovas ont
pu les exterminer, mais non pas les rendre infidèles à notre
alliance.

Ainsi, pendant deux cents ans, nos efforts ont été con-
centrés sur les rivages de l'est, du 16° au 25° degré de latitude Sud, sans dépasser la baie d'Antongil; et cependant, c'est de la baie d'Antongil, en remontant vers le
cap d'Ambre, que l'acclimatement deviendrait facile, par
la rareté et même par l'absence de la fièvre intermittente
qui règne sur une grande partie des côtes de Madagascar.

Cette fièvre, d'après le rapport de tous les hommes de
l'art, n'est autre que celle qui a sévi si longtemps en France,
à Rochefort, dans plusieurs départements du centre et du
midi, qui est produite par la stagnation des eaux, et qui
disparaît par le défrichement des bois et le desséchement
des marais.

Or, il suffit de parcourir le littoral de Madagascar pour
se convaincre que les causes d'insalubrité accumulées sur
la côte, depuis Sainte-Luce jusqu'à la baie d'Antongil, ont
toutes disparu quand on a franchi cette baie en s'avançant
dans le nord.

Du fort Dauphin à la baie d'Antongil, les terres sont partout basses et marécageuses; à peine si elles s'élèvent de
quelques centimètres au-dessus du niveau de la mer. Sur
un sol uni et sans aucun accident, les rivières semblent
perdre tout mouvement; leur embouchure est en outre
obstruée par les sables que les vents généraux y accumu-
lent sans cesse. Aussi, au lieu de se jeter dans la mer, elles

se répandent sur leurs rivages et forment cette série de lacs qui se prolongent parallèlement à la côte : vaste amas d'eau où se décomposent, dans la saison de l'hivernage, toutes sortes de matières végétales et animales, et d'où s'échappent sans cesse des masses de vapeurs pestilentielles, que les vents sont impuissants à dissiper, parce qu'ils soufflent alors du Nord-Est au Nord-Ouest, et qu'ils sont interceptés par les forêts et les montagnes.

A ces causes d'insalubrité, il faut ajouter l'abondance des pluies, plus fréquentes encore sur cette partie des côtes que partout ailleurs; à Tintingue on compte, dans l'année, deux cent vingt à deux cent quarante jours de pluie.

L'aspect des lieux change complétement dès qu'on s'éloigne d'Antongil, en se dirigeant vers le cap d'Ambre : le terrain s'élève et présente, dès le rivage, de hauts amphithéâtres battus par les brises du large. Les forêts ont disparu, et les arbres disséminés n'apportent aucun obstacle à la circulation de l'air : la température n'est plus humide : il y a autant de jours de sécheresse à Diégo-Suarez que de jours de pluie à Tintingue et à Tamatave.

Toutes ces causes réunies rendent parfaitement compte des limites dans lesquelles est circonscrite la zone fiévreuse de Madagascar. Les récits des voyageurs sont, du reste, d'accord avec cette théorie. Nos commerçants qui ont fréquenté la partie nord de Madagascar s'accordent à dire que le climat y est aussi sain qu'à la Réunion.

La corvette *la Nièvre* qui, en 1844, a passé quarante-quatre jours dans le port qui porte son nom, et dont l'équipage a été constamment employé à des travaux très-pénibles à terre et dans des embarcations, n'a eu qu'un seul exemple de fièvre intermittente.

Les rapports les plus dignes de foi ne permettent pas d'en douter. Les rivages de Diégo-Suarez sont, sur le littoral, la partie la plus saine de Madagascar, et si une entreprise partielle doit être substituée à un plan plus général, nous pensons que c'est à Diégo-Suarez qu'il faut s'établir.

La bonne fortune de la France nous livre sans défense ce futur Gibraltar de l'Afrique et de l'Océan indien.

Les Hovas, après en avoir chassé les Antakares, nos alliés, ne s'y sont que faiblement établis.

Diégo-Suarez est une des plus fortes positions maritimes du monde. (Voir le rapport du commandant de *la Nièvre*, qui a fait l'hydrographie de ce port en 1844.)

Son entrée est par 12° 14' de latitude Sud; facile et large de 1,200 mètres, elle peut être défendue par une seule batterie. Le vaste bassin intérieur se subdivise en cinq baies. Celle qui s'avance le plus profondément dans les terres, le port de la Nièvre, a près de quatre milles de longueur sur une profondeur de sept à douze brasses : chacune de ces différentes baies pourrait recevoir une escadre nombreuse.

Le village d'Antombouk domine la baie, et marque l'emplacement où pourront s'élever nos fortifications, nos chantiers et nos établissements de marine.

Contrairement à une opinion erronée et trop longtemps accréditée, l'eau y est abondante. Plusieurs sources jaillissent à peu de distance du rivage, et une rivière, dite des Maks, coule à deux kilomètres à l'ouest d'Antombouk. Les arbres qui s'élèvent au fond de la baie seraient pendant longtemps suffisants pour nos approvisionnements.

Les terres qui avoisinent le port, entrecoupées de bouquets de bois et de pâturages, offrent, du côté du Sud, un sol d'une grande fertilité. Là croîtraient indistinctement la canne à sucre, le riz, le coton, l'indigo, le blé, si nécessaires à l'approvisionnement de nos vaisseaux.

Un isthme que forme la baie en s'avançant vers l'Ouest pourrait être défendu par un seul fort, et servirait de premier rempart à la colonie naissante.

En libre communication avec la mer, nous serions, dès notre arrivée, inexpugnables derrière cet isthme fortifié : il n'a pas huit kilomètres de largeur.

Aussitôt que l'adhésion des peuplades voisines serait bien assurée, nous franchirions la presqu'île, et nous nous étendrions vers le Sud.

Les indigènes deviendraient les premiers colons ; mais, pour donner une plus grande impulsion à un établissement de cette nature, il faudrait l'appuyer d'une population attachée à la France par les liens du sang et toute dévouée à ses intérêts : l'appel fait aux habitants de la Réunion serait certainement entendu ; cette île ne suffit plus à la population qui s'y presse ; une jeunesse active, intelligente, profiterait avec joie de l'issue qui lui serait ouverte : de chaque famille se détacheraient quelques rameaux vigoureux qui iraient prendre racine sur cette terre nouvelle, réservée à de brillantes destinées. Pour les habitants de la Réunion il y aurait à peine déplacement ; une traversée de trois jours les porterait à Diégo-Suarez. Là ils trouveraient même climat, même température, les mêmes aspects du ciel et de la terre ; mais au lieu d'un espace resserré, des terres sans limites, et au lieu d'efforts souvent stériles, un travail fécond en immenses résultats. En recevant une partie de la population de la Réunion, le nouvel établissement posséderait immédiatement des hommes accoutumés au soleil de la zone torride, exercés à toutes les cultures intertropicales, et auxquels la fabrication du sucre et toutes les cultures coloniales sont familières : sur leurs pas accourraient sans doute ceux de nos frères de Maurice, et ils sont nombreux, qui n'ont pu se plier encore au joug de la domination étrangère : par là s'accroîtrait la colonie, et d'anciennes et honorables douleurs seraient enfin consolées !

L'excédant de notre population en France qu'attire faiblement l'Algérie avec ses guerres sans cesse renaissantes et son climat qui repousse les cultures intertropicales, affluerait sur une terre riche de tous les produits de la zone torride, et qui sera pacifiée aussitôt que le gouvernement hova aura disparu.

La colonie trouverait à son origine d'admirables ressources dans la fécondité toute spontanée du sol : en différents lieux, la sonde a fourni d'excellente terre végétale jusqu'à quatre pieds de profondeur. Le manioc, les patates, le riz, le maïs, croissent presque sans culture : nous lisons dans un rapport fait au gouvernement par un voyageur aussi modeste qu'instruit, M. Bernier, chirurgien de la marine et botaniste, que les bœufs errent librement et par milliers dans les vastes pâturages qui s'étendent au sud de Diégo-Suarez : les vallons qui avoisinent le cap d'Ambre en sont remplis ; le poisson abonde sur les côtes et dans les rivières ; le gibier couvre les campagnes ; dans un pays aussi favorisé, la nature a tout prodigué, il suffit de s'y rendre pour en recueillir les bienfaits.

Ainsi seraient facilement franchies les premières difficultés de la colonisation. Bientôt, au sein d'une population devenue française, notre marine militaire pourrait au besoin recruter son personnel sur le théâtre même des événements, et s'y approvisionner ; des produits riches et abondants fourniraient à une immense exportation, l'importation se développerait dans la même proportion.

Le prix élevé de notre fret est un obstacle permanent à l'accroissement de notre marine marchande ; mais il s'abaisserait dès que nous pourrions, comme les Anglais et les Américains, construire et armer des navires à bas prix et avoir un emploi constant du capital dépensé pour l'armement.

Toutes les conditions de prospérité commerciale se trouvent à Madagascar : nous y aurons à bon marché les matières premières nécessaires à la construction et à l'armement des vaisseaux, et dans un avenir prochain, un vaste marché qui le disputera en importance à ceux de l'Inde et de l'archipel d'Asie, et qui sollicitera constamment notre marine marchande à de nouveaux efforts et à une plus grande activité.

Ce ne sont ni les rochers des Marquises ni les îlots du canal Mozambique qui peuvent préparer ce nouvel avenir à notre navigation de commerce : ce que Bordeaux, Nantes, le Havre, Marseille, toutes les villes maritimes de France demandent depuis longtemps, c'est l'occupation d'un vaste territoire, *abondant en objets d'échange*, pourvu d'excellents ports et destiné à devenir grand producteur de sucre, de café, d'indigo, de coton, de riz, de matières à la fois précieuses et encombrantes. Mais il faut se hâter, tout est facile aujourd'hui, demain les difficultés peuvent surgir de toutes parts : aujourd'hui, redoutés du gouvernement hova, les Anglais paraissent étrangers aux affaires de Madagascar, demain ils peuvent être tout-puissants à la cour de Tananarive ; ils regrettent et cherchent à ressaisir l'influence qu'ils avaient obtenue sous le roi Radama, dont la puissance s'était développée par leurs conseils et leurs secours en armes, argent et vaisseaux.

Lorsque l'attitude *énergique* du cabinet des Tuileries, en 1815, les eut contraints à renoncer à leur malencontreuse idée d'une substitution implicite à nos droits de souveraineté, en vertu du traité de Paris, ils ne songèrent plus qu'à unifier Madagascar, afin qu'il pût mieux résister aux prétentions et aux projets de la France.

De là l'appui et les excitations donnés au chef le plus illustre des Hovas ; jusqu'à présent, il faut le dire, les conquérants malgaches se sont montrés peu reconnaissants envers leurs anciens protecteurs dont ils craignent l'esprit de domination ; mais ceux-ci ne se rebutent pas ; l'héritier présomptif du trône peut être facilement circonvenu et entraîné dans des voies toutes contraires à la politique française.

A la mort de la reine actuelle, une révolution de palais peut d'ailleurs substituer au prince Rakoute, héritier reconnu, qui incline vers la France, un prétendant tout dévoué aux intérêts anglais : alors notre influence serait à jamais bannie de Madagascar, et la dernière chance d'avenir de notre commerce maritime dans les mers de l'Inde aurait péri sans retour !

Pour prévenir un malheur aussi irréparable, nous appelons de nouveau l'attention du gouvernement et de nos concitoyens sur une île qui nous appartient depuis plus de deux cents ans, que nous avons trop oubliée, que nous n'avons jamais abordée qu'avec des expéditions mal préparées, mal dirigées, mal exécutées. C'est là cependant que la nature tient en réserve ses plus précieuses ressources pour un grand établissement commercial et maritime.

Madagascar est la reine de l'Océan Indien : ce que l'Angleterre est par sa situation géographique vis-à-vis l'Europe, Madagascar l'est en Afrique et en Asie : située à l'entrée de la mer des Indes, cette île domine à la fois le passage du cap de Bonne-Espérance, le canal Mozambique, et le détroit de Bab-el-Mandeb ; elle est la clef des deux routes de l'Inde. Quand les Français y seront une fois solidement établis, nulle puissance au monde ne peut les en chasser ; ils y seront inexpugnables.

Madagascar, dans tout son développement industriel, commercial, agricole, est préférable à l'Inde : défendu de tous côtés par la mer, il est à l'abri de ces irruptions soudaines qui ont tant de fois désolé l'Inde, toujours accessible par sa frontière de terre, et l'ont fait passer sous le joug. — Les expéditions des Anglais, sans cesse renouvelées et toujours de plus en plus reculées vers le nord, témoignent assez avec quelle vive sollicitude le gouvernement de Calcutta tourne constamment ses regards vers des frontières qui ne sont jamais définitivement fixées : Madagascar, par sa position insulaire, est à l'abri de pareilles appréhensions.

Depuis la révolution de 1789, le rôle de la France est à peu près nul du cap de Bonne-Espérance au cap Horn. Notre pavillon ne s'y montre qu'à la suite du pavillon anglais : *c'est bien le drapeau de la Grande-Bretagne qui règne souverainement dans la mer des Indes, dans le golfe Arabique, la mer d'Oman, le golfe Persique, le golfe du Bengale, la mer de Java, la mer de Chine et le grand Océan.*

En outre, il n'est pas une seule île importante où quelque puissance de l'Europe n'ait planté son pavillon.— Il n'y a plus dans le monde maritime de grande terre à occuper que Madagascar : du reste, cette île, la plus vaste du globe après Bornéo, l'Angleterre et la Nouvelle-Hollande, peut, par son admirable situation, compenser abondamment tous les accroissements de puissance qui se réalisent au profit de nos rivaux ; mais les moments sont précieux ; aujourd'hui encore les circonstances militent en notre faveur : peut-être que demain des obstacles insurmontables surgiront et ne laisseront plus à la France que de stériles regrets.

Pour exprimer en peu de mots toute notre pensée sur cette grande question, nous croyons que notre domination solidement établie à Madagascar suffirait pour nous faire remonter au rang de puissance maritime de premier ordre que nous avons depuis longtemps perdu. Ce rang, nous l'avons autrefois obtenu sous les règnes glorieux de Louis XIV et de Louis XVI. — Le reconquérir est une noble ambition, c'est l'ambition de la France, et tant que les deux mers qui l'entourent baigneront ses rivages, elle n'y renoncera pas.

TH. RUYNEAU DE SAINT-GEORGE.

Château Canteloup (Gironde), 15 novembre 1860.

FIN.

NOTA.

Si l'on veut être de plus en plus convaincu que le sceptre du monde appartient aujourd'hui plus que jamais à la puissance maritime *dominante*, on n'a qu'à lire avec attention l'article suivant d'un journal allemand, l'*Ost-Deutsche-Post*, novembre 1860 :

« Le système de la Pentarchie n'existe plus, — il n'y a point cinq « grandes puissances ; — une puissance n'est grande que lorsqu'elle est « une puissance maritime dominante. En 1848, l'Allemagne même n'a « pu venir à bout du petit Danemark, parce qu'elle n'avait point de flotte.

« La puissante Russie n'a pu se défendre en 1854 contre cent mille sol-« dats étrangers, parce que ses navires ont dû s'abriter au fond de ses « ports.

« L'Autriche a perdu la campagne de 1859, parce qu'elle n'avait pas « de flotte pour empêcher le débarquement des troupes françaises à « Gênes, au temps que notre armée était encore au delà du Mincio, ou « qui aurait pu arrêter les croiseurs français dans l'Adriatique, lors-« qu'ils se disposaient à attaquer la Dalmatie.

« Il n'y a de puissance véritablement grande que celle qui possède « des vaisseaux ! etc. »

Ce qui veut dire que l'Autriche et la Prusse sont désormais dans la dépendance de l'Angleterre ou de toute autre puissance maritime dominante, afin de pouvoir défendre les côtes de la mer Baltique ou de l'Adriatique.

Le trident de Neptune est le sceptre du monde !

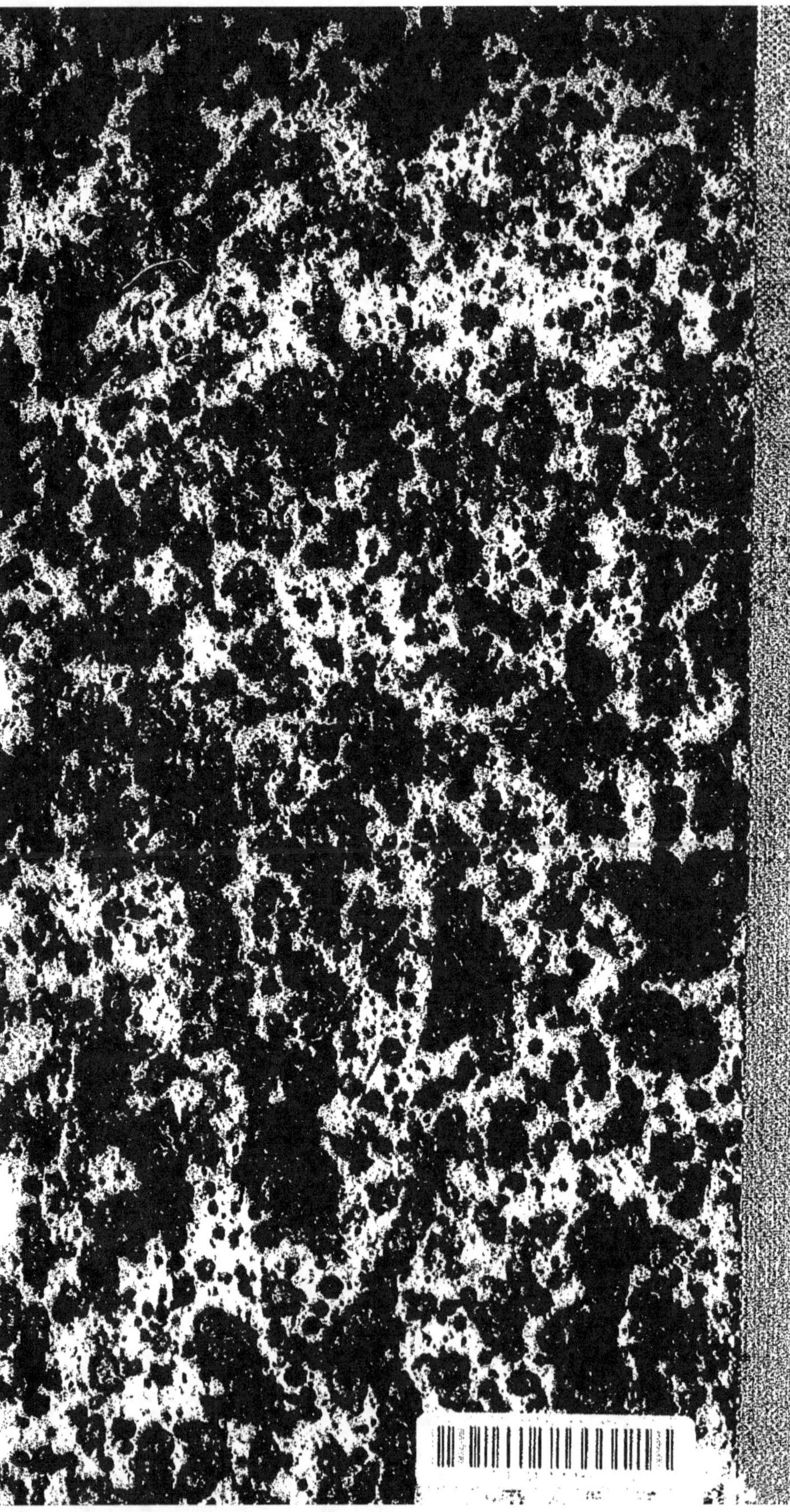